FONDATION D'HESDINFERT.

CONSEILS POLITIQUES

ADRESSÉS

A LA PRINCESSE MARIE

RÉGENTE DES PAYS-BAS POUR CHARLES-QUINT

SUR LES MOYENS D'ACCROITRE EN PEU DE TEMPS LA POPULATION D'HESDINFERT (NOUVEL-HESDIN, BATI EN 1554, PAR PHILIBERT, DUC DE SAVOIE, GÉNÉRALISSIME DE L'ARMÉE IMPÉRIALE DANS LES PAYS-BAS) « ET LE MESTRE EN TEL ESTAT ET ORDRE QUE PEUT MÉRITER LE NOM DE VILLE ET CHEF-LIEU DE BAILLIAGE. »

(N° 157 du catalogue des Manuscrits de la Bibliothèque de la ville de Boulogne-sur-Mer)

Publié par la Société des Antiquaires de la Morinie, avec une introduction par M. VINCENT, membre de l'Institut.

SAINT-OMER,

IMPRIMERIE DE FLEURY-LEMAIRE, LITTE-RUE.

1857

EXPLICATION DES PLANCHES. (1)

La planche que nous publions est la copie d'un dessin à la plume appartenant à Mlle Michelin, qui en a gracieusement autorisé la publication ; d'après l'état des fortifications et des monuments représentés, il a certainement été fait sous la minorité de Louis XV.

Le plan de la ville est un hexagone dont l'angle le plus à droite est celui du bastion de Richelieu.

A gauche en descendant, on aperçoit un long bâtiment qui est le grand quartier.

Ce bâtiment aboutit à la Porte-Neuve dont on distingue les ponts-levis et la demi-lune.

Le bastion qui vient ensuite, en face du spectateur, est celui du Prince ; il contient la caserne des Suisses devant laquelle est un magasin à poudre que l'on aperçoit au-dessus de l'angle du bastion.

Vient ensuite, au devant du rempart, la demi-lune du Prince.

Suit le bastion du Duc.

On aperçoit au-dessus les avenues de la Porte-Vieille.

Plus au-dessus encore sur la gauche, les faubourgs de Marconne et de Ste-Austreberthe.

Après la Porte-Vieille vient le bastion du Marquis.

Puis le bastion Royal, sur lequel La Meilleraye reçut le bâton de maréchal, et qui est situé au-dessus de l'hexagone, diagonalement à l'opposé du bastion du Prince.

Enfin le bastion de La Meilleraye dont on aperçoit la pointe sur la droite, au-dessus du bastion de Richelieu.

A gauche de la courtine qui relie ces deux bastions, se trouve, dans l'intérieur de l'enceinte, un grande église qui est celle des Jésuites.

Plus à gauche on distingue la façade de l'hôtel-de-ville surmontée de son clocher : c'est un ancien palais de Marie d'Autriche, reine de Hongrie et sœur de Charles-Quint.

Derrière l'hôtel-de-ville, un peu sur la droite, on aperçoit un autre petit clocher qui est celui de l'hôpital.

Plus à gauche on distingue la paroisse, située au centre de la ville.

Au-dessus, le quartier des Invalides.

---

(1) Ces deux reproductions ont été obtenues par le procédé héliographique de M. Nègre.

Plus à gauche est un bâtiment carré également surmonté d'un clocher : c'est le séminaire.

Plus bas est un dernier clocher qui est celui de l'église des Récollets dont on distingue le couvent, au-dessus et un peu à gauche de la caserne des Suisses.

A droite du couvent des Récollets, le petit bâtiment dont on aperçoit le pignon au-dessus de la caserne des Suisses, est le refuge des religieux de St-André ; la façade appartient à la rue de la Paroisse, dont l'œil suit l'alignement qui, passant derrière le château du gouverneur (1) que l'on ne voit pas, aboutit à la Grande-Place, en face de l'hôtel-de-ville.

Le bas de la planche représente le faubourg de St-Leu.

Sur la gauche, à droite du grand arbre, est une demi-lune qui défend les écluses de la Ternoise.

Ensuite, plus à droite, on aperçoit une redoute à machicoulis surmontée d'un toit en forme de pyramide carrée.

A droite de la planche, l'église de St-Leu.

Au-dessus, dans le lointain, la redoute de la Targette sur le chemin du faubourg de Marconnelle.

A la suite des ponts de la Porte-Neuve, on remarque un *trivium* où se trouve située la petite chapelle du Dieu-de-Pitié, et dont les trois branches se dirigent, savoir : celle de dessus vers Marconnelle, c'est-à-dire vers le diocèse d'Amiens (circonscription de l'époque), celle de dessous vers St-Leu, diocèse de Boulogne, et enfin celle de gauche vers Hesdin, diocèse de St-Omer. Pour parler plus exactement, le point de réunion des trois évêchés est le confluent des deux rivières de Canche et de Ternoise, situé près du moulin de Marconnelle, le diocèse de St-Omer comprenant tout ce qui est entre ces deux rivières, et la totalité de la ville d'Hesdin partagée en deux par la Canche.

— La seconde planche est une réduction du plan primitif, alors pentagone, de la nouvelle ville d'Hesdin-Fert, que le dessinateur a nommée ici *Hesdyn-Fort* sans aucune raison valable.

Ce plan est extrait de l'ouvrage qui a pour titre : *Theatrum urbium præcipuarum totius mundi*, G. Braun et F. Hogenbergio auctt. Col. Agripp. 1572. — On en trouve une mauvaise copie dans le recueil de Fr. Valezo, intitulé : *Raccolta di le piu illustri et famose citta diu tutto il mondo.*

---

(1) Ancien château du Mesnil.

INTRODUCTION.

Le document suivant, que la Société Impériale des Antiquaires de la Morinie veut bien publier à ma prière, est extrait de la bibliothèque communale de la ville de Boulogne, où il fait partie d'un volume in-folio coté n° 157, qui appartenait avant la révolution de 93 à la Société Littéraire d'Arras. Depuis, si je ne me trompe, ce volume était devenu la propriété de mon concitoyen, J. B. Bertin Aloy (1), d'Hesdin, qui l'a légué par testament, parmi sa belle et riche collection, au musée de Boulogne dont une galerie porte son nom, consacré par la reconnaissance de la ville. Cette pièce, ainsi que plusieurs autres moins importantes également relatives à l'histoire d'Hesdin, qui passent pour avoir appartenu à l'abbé Hennebert un autre de nos compatriotes, était sans doute destinée à figurer dans le quatrième volume de son Histoire d'Artois dont les événements ont arrêté la continuation.

(I) Auteur d'un volume d'*Opuscules;* Boulogne, 1837, in-8°.

Deux motifs m'ont paru devoir donner à cette publication uni ntérêt d'actualité pour ainsi dire. D'abord une considération générale, savoir : dans cette ère de colonisation, et au moment où les progrès de nos armes et de notre civilisation nous appellent à fonder de nouvelles villes, à établir une nouvelle France au pied de l'Atlas, n'est-il point intéressant d'étudier sous quels points de vue on pouvait, à l'aurore du grand siècle, envisager la fondation d'une nouvelle cité? Etant donnés la différence des mœurs et le progrès des idées, n'y a-t-il rien à imiter, rien à éviter dans ces soins inquiets qui préoccupaient les esprits au moment d'établir un nouveau centre d'activité et de population? N'y a-t-il aucune leçon à emprunter chez ce bon auteur qui paraît si bien comprendre que la force brutale ne suffit point pour donner des garanties d'ordre et de sécurité, mais que c'est bien plutôt dans le sentiment moral et religieux des populations, dans l'amour du travail et un esprit de sage discipline qu'il faut les chercher?

Le second motif auquel j'ai fait allusion est plus particulier : il m'est presque personnel. Après une longue absence, j'ai eu l'occasion de revoir ces murs auxquels l'auteur des *Conseils politiques* avait presque osé, dans son naïf enthousiasme, prédire la gloire de Rome et des plus célèbres cités antiques. Mais hélas ! au lieu de cette illustration promise, quelle décadence et quelle chûte! Autant, à l'époque où cet écrit fut composé, on mettait de zèle et d'ardeur à créer, à édifier, autant, aux mêmes lieux, je trouvai d'empressement à détruire, à abattre. Au lieu d'une charmante corbeille de verdure que mes souvenirs d'enfance rappelaient à mon imagination, je ne retrouvais qu'un amas de décombres! Qu'il me soit permis

de retracer en quelques lignes l'esquisse d'une destinée
sitôt accomplie (1).

Je ne veux point remonter à l'histoire du Vieil-Hesdin,
cette malheureuse cité dont l'origine se perd dans la nuit
des temps, où Louis XI, où les ducs de Bourgogne avaient
tenu une brillante cour, et qui périt avec Térouanne,
sa compagne d'infortune, victime d'un acte de colère de
Charles-Quint. Quelques mots d'un témoin oculaire, d'un
complice en quelque sorte de cet acte de férocité, suffi-
ront pour faire comprendre l'importance dont cette position militaire jouissait à l'époque des événements que
nous rappelons.

Dans un petit livre excessivement rare, intitulé : *De
Morini quod Terovanam vocant atque Hedini expugnatione,*
etc., *Jac. Basilico, Despota Sami authore* (2), voici comment est rapporté (3) l'effet produit par la nouvelle de
la prise d'Hesdin. « Hæc victoria, dit l'auteur, tantam in
« universa gallia excitavit trepidationem, ut Parisiensium
« permulti, relicta urbe fuga sibi prospexerint. — Quid
« Gallorum Rex, cum in tanta animi consternatione suos
« esse videret? — Numerosissimum illico conscripsit
« exercitum, impediturus ne Cæsariani ad interiora regni
« castra moverent, Parisiensiumque animos... ut novis-
« sime evenit, denuo consternarent. »

Quoi qu'il en soit, le farouche Empereur, après avoir
assouvi sa fureur sur cette ville infortunée, coupable
d'avoir arrêté trop longtemps ses projets ambitieux,
après avoir donné à son digne exécuteur, Philibert-

---

(1) Hesdinfert, comme forteresse, a duré 300 ans.
(2) Antv., 1555, in-12 de 16 feuillets non paginés.
(3) Fol. ij r° et v°.

Emmanuel, l'ordre de la raser jusqu'aux fondements (1), en fit transporter les débris à une demi-lieue de distance, en un lieu nommé jusqu'alors le *Mesnil*, où Marie de Hongrie possédait une maison de plaisance ; et c'est ainsi que le nouvel Hesdin, d'abord Hesdin-Fert, prit naissance.

Les papiers d'État du cardinal de Granvelle, publiés dans ces derniers temps, ont apporté sur ces faits et sur leurs causes de nouvelles lumières. Nous nous contenterons de citer la pièce intitulée : « *Rafraiscissement d'ung* « *vilain acte, infâme, véhément et vrai crime de leze-ma-* « *jesté et trahison*, jadis commis à la dernière paix et « traicté de Crespy, l'an 1544, par le cardinal Perrenot « dict de Granvelle, lors évesque d'Arras, contre l'Em- « pereur Charles cinquiesme et tous les trois Estats de « ses Pays-Bas, touchant la rétention des ville, chasteau « et bailliage de Hesdin, comté d'Artois, vendue par « iceluy cardinal au Roy Françoys premier, pour la somme « de cent mille escuz, etc. (2) » (Ecrit en 1567).

Pour en revenir à la fondation du nouvel Hesdin, le même recueil nous en fait connaître quelques particularités curieuses. Ainsi nous lisons dans une lettre écrite par l'évêque d'Arras (cardinal de Grandvelle) à *Claude de Vergy*, gouverneur du comté de Bourgogne, en date du 18 septembre 1554 (3) : « Nostre camp besoigne en ung

---

(1) « Le Vieil-Hesdin fut pris le 18 juillet ; et à la fin du mois « d'août suivant (1554) il n'existait déjà plus. Il y a peu d'exemples « de ville aussi considérable (elle avait quatre cents toises de lon- « gueur sur trois cents de largeur), détruite ainsi de fond en comble « en moins de six semaines. » (Extrait d'un document inédit).

(2) Papiers d'État du cardinal de Granvelle, t. V, p. 43.

(3) Ibid., t. IV, p. 303.

« fort prez d'Esdin, pour couvrir ce pays d'Artois, et est
« déjà, en douze jours que l'on y besoigne, fort avancé. »

Mais c'est surtout dans les commentaires de François
de Rabutin (1) que l'on trouve des détails sur les travaux,
et notamment la date précise du jour de leur ouverture.

Ayant raconté que les troupes impériales parties du
camp de St-Riquier, après avoir dévasté les châteaux et
villages qui bordent l'Authie, Dampierre, Dourrié, Machy,
Machié, Maintenay, etc., projetaient le siége de Montreuil (entreprise à laquelle le seigneur de Vendôme avait
mis obstacle en faisant occuper cette place), l'historien
continue (2) :

« De quoy advertiz, changeans de propos retournèrent
« passer la riuière d'Authie, et descendirent en vn marets
« au dessoubs de Hedin, entre icelle et vn autre (3) qui
« vient de la comté de Sainct-Pol : ou en un lieu appelé
« Mesnil propre à estre fortifié pour la garde et asseu-
« rance du bailliage de Hedin et comté de Sainct-Pol, le
« douzième de septembre commencèrent à dresser et
« bastir un fort, ayant pour plustost le mettre en défense
« leué des païs des environs grand nombre de pionniers
« et manœuvres, en quoy ne pouvoient estre empeschez,
« etc. »

Au début du livre suivant (le septième) (4), l'historien
rappelle qu'il a laissé l'armée française campée aux marais

---

(1) Commentaires des dernières guerres en la Gaule-Belgique, etc.,
par Fr. de Rabutin, gentilhomme du duc de Nivernois, etc. Paris.
1574. — Il y a une édition moderne qui fait partie de la collection
Petitot, t. XXXI et XXXII
(2) Fol. 169 rᵒ. (Pet. t. XXXI, p. 299).
(3) La Canche.
(4) Fol. 170 vᵒ. (Pet., p. 300).

de Pondormy (1) ; puis il ajoute :

« Ce que venu à la cognoissance des ennemis , conti-
« nuèrent de besongner au fort du Mesnil avec telle dili-
« gence, que y faisans travailler incessamment non seu-
« lement les pionniers et manœuvres qu'avoient levé et
« amené de leurs contrées et lieux circonvoisins , mais
« aussi chacun soldat y portant la hotte, dans deux mois
« ou dix sepmaines fut eslevé fort haut et mis en défense,
« ayans suivy le mesme desseing et trace que nous avions
« projeté pour y en construire vn pareil. Et à ce faire
« beaucoup leur servirent , et s'aydèrent fort des ruines
« des chasteaux des environs qu'avoient commencé à
« abbattre et destruire, et de celles de Hedin qu'ils par—
« achevèrent de démolir. »

Telle fut l'origine de Hesdin–Fert, qui remplaça le vil-
lage puis le fort du Mesnil, et qui aujourd'hui porte exclu-
sivement le nom de Hesdin , laissant à son aîné le titre
d'Hesdin–le–Vieux, et définitivement de Vieil–Hesdin (2).

Hesdin–Fert étant ainsi devenu , dès sa naissance , un
objet de sollicitude et de prédilection pour son heureux
possesseur , c'est pour répondre à ce sentiment , que la
pièce dont la Société veut bien se faire éditeur, fut écrite
très peu de temps après le complet achèvement des
travaux.

L'auteur, comme on le verra , y recherche les moyens
d'augmenter la population de la ville , d'assurer sa pros-
périté, d'accroître son importance sous les divers rapports

---

(1) Pont-de-Remi (?).

(2) Le Vieil-Hesdin appartient à l'arrondissement de Saint-Pol ,
tandis que la nouvelle ville se trouve comprise dans l'arrondissement
de Montreuil. C'est un point sur lequel les savants éditeurs des His-
toriens de la France ont commis une légère inadvertance dans le dernier des volumes de la collection aujourd'hui publiés (t. XXI, 1855).

civil, religieux, militaire, administratif, judiciaire, commercial et même agricole ; et il soumet à un examen détaillé toutes les questions susceptibles d'être soulevées à ces divers points de vue.

La nouvelle ville d'Hesdin avait une importance trop réelle à l'époque de sa fondation, soit par sa position près de la frontière française, soit par la forte assise de ses fortifications, pour que le Roi de France n'éprouvât pas une puissante envie de la ressaisir : aussi l'Empire ne la conserva-t-il pas bien longtemps. Déjà Henri IV avait fait pour arriver à ce but des tentatives qui étaient restées sans résultat ; mais en 1639, quatre-vingts et quelques années après la fondation de cette place, Richelieu la faisait subitement investir par une armée de quarante mille hommes. On sait que la ville soutint un siège devenu mémorable : car après avoir fait l'objet d'une relation détaillée de la part du chevalier De Ville (1) (ouvrage qui est resté classique dans les écoles du génie), après avoir été chanté par le grand Corneille (2), ce fait d'armes a eu l'honneur d'être cité comme un siège modèle pour ainsi dire, par Carnot dans son ouvrage sur la défense des places fortes (1re partie, ch. 1er), et plus récemment d'être mentionné par l'Empereur Napoléon III dans son histoire de l'artillerie (3).

---

(1) Lyon, 1639, pet. in-fol.

(2) Les triomphes de Louis-le-Juste ; Paris, 1649, in-fol. — Le poème de Corneille ne se trouve point dans ses œuvres complètes, omission qui serait inexplicable autrement que par les considérations exposées dans mon rapport au Comité de la Langue, etc. (30 avril 1855). — Cp. ma dissertation Sur la position géographique du *Vicus Helena* (Mém. de la Société de Lille, 1840).

(3) Etudes sur le passé et l'avenir de l'artillerie, par le prince N.-L. Bonaparte ; 2 v. in-4° ; Paris, J. Dumaine, 1846.

Bref, au bout de six semaines de tranchée ouverte, la ville ayant capitulé faute de munitions, Louis XIII qui s'était rendu quelque temps auparavant à Abbeville où il prononça son célèbre vœu, voulut en prendre possession personnellement, et vint donner, sur la brèche, le bâton de maréchal au duc de la Meilleraye, grand maître de l'artillerie, qui avait dirigé les opérations.

Que l'on me permette de donner à cette occasion, copie d'une lettre (rarissime) dont la teneur fait comprendre l'importance que Louis XIII attachait au succès de ce siège. La voici en son entier (1) :

« A Monsieur l'Archevesque de Paris, conseiller en
« mon conseil d'Etat.

« Monsieur l'Archevesque de Paris, cette lettre est
« pour vous donner la bonne nouuelle de la prise de
« la Ville de Hesdin, avec mon armée commandée par
« mon Cousin le Grand Maistre de l'Artillerie de France,
« qui a si vigoureusement attaqué cette place, qu'encore
« qu'elle soit vne des plus fortes qui se puisse voir, Elle
« estoit en estat d'estre emportée d'assaut auiourd'huy,
« si les assiegez ne se fussent resolus à se rendre : Ils
« sont sortis au nombre de deux mille, sous les Armes,
« tant de Cavallerie que d'infanterie ; Et j'ay voulu y
« veoir moy-mesme entrer mes forces, et visiter la place;
« Ce qui m'a fait cognoistre combien ce succez m'est
« aduantageux et de grande consequence, mesme en la
« conioncture présente ; le Cardinal Infant d'Espagne en
« estant proche de six lieuës, et preparé à tenter de la
« secourir avec toutes les forces que le Roy d'Espagne a

---

(1) *Lettre du Roy envoyée à Monsieur l'Archevesque de Paris pour faire chanter le Te Deum touchant la prise de la Ville de Hesdin.* Paris, chez P. Targa, etc., 1639 ; in-12 de 4 feuillets.

La nouvelle ville d'Hesdin avait une importance trop réelle à l'époque de sa fondation, soit par sa position près de la frontière française, soit par la forte assise de ses fortifications, pour que le Roi de France n'éprouvât pas une puissante envie de la ressaisir : aussi l'Empire ne la conserva-t-il pas bien longtemps. Déjà Henri IV avait fait pour arriver à ce but des tentatives qui étaient restées sans résultat; mais en 1639, quatre-vingts et quelques années après la fondation de cette place, Richelieu la faisait subitement investir par une armée de quarante mille hommes. On sait que la ville soutint un siége devenu mémorable : car après avoir fait l'objet d'une relation détaillée de la part du chevalier De Ville (1) (ouvrage qui est resté classique dans les écoles du génie), après avoir été chanté par le grand Corneille (2), ce fait d'armes a eu l'honneur d'être cité comme un siége modèle pour ainsi dire, par Carnot dans son ouvrage sur la défense des places fortes (1re partie, ch. 1er), et plus récemment d'être mentionné par l'Empereur Napoléon III dans son histoire de l'artillerie (3).

Bref, au bout de six semaines de tranchée ouverte, la ville ayant capitulé faute de munitions, Louis XIII qui s'était rendu quelque temps auparavant à Abbeville où il prononça son célèbre vœu, voulut en prendre possession

---

(1) Lyon, 1639, pet. in-fol.

(2) Les triomphes de Louis-le-Juste; Paris, 1649, in-fol. — Le poème de Corneille ne se trouve point dans ses œuvres complètes, omission qui serait inexplicable autrement que par les considérations exposées dans mon rapport au Comité de la Langue, etc. (30 avril 1855). — Cp. ma dissertation Sur la position géographique du *Vicus Helena* (Mém. de la Société de Lille, 1840).

(3) Etudes sur le passé et l'avenir de l'artillerie, par le prince N.-L. Bonaparte; 2 v. in-4°; Paris, J. Dumaine, 1846.

civil, religieux, militaire, administratif, judiciaire, commercial et même agricole ; et il soumet à un examen détaillé toutes les questions susceptibles d'être soulevées à ces divers points de vue.

personnellement, et vint donner, sur la brèche, le bâton de maréchal au duc de la Meilleraye, grand maître de l'artillerie, qui avait dirigé les opérations.

Que l'on me permette de donner à cette occasion, copie d'une lettre (rarissime) dont la teneur fait comprendre l'importance que Louis XIII attachait au succès de ce siége. La voici en son entier (1) :

« A Monsieur l'Archevesque de Paris, conseiller en
« mon conseil d'État.

« Monsieur l'Archevesque de Paris, cette lettre est
« pour vous donner la bonne nouuelle de la prise de
« la Ville de Hesdin, avec mon armée commandée par
« mon Cousin le Grand Maistre de l'Artillerie de France,
« qui a si vigoureusement attaqué cette place, qu'encore
« qu'elle soit vne des plus fortes qui se puisse voir, Elle
« estoit en estat d'estre emportée d'assaut auiourd'huy,
« si les assiegez ne se fussent resolus à se rendre : Ils
« sont sortis au nombre de deux mille, sous les Armes,
« tant de Cavallerie que d'infanterie ; Et j'ay voulu y
« veoir moy-mesme entrer mes forces, et visiter la place ;
« Ce qui m'a fait cognoistre combien ce succez m'est
« aduantageux et de grande consequence, mesme en la
« conioncture présente ; le Cardinal Infant d'Espagne en
« estant proche de six lieuës, et preparé à tenter de la
« secourir avec toutes les forces que le Roy d'Espagne a

---

(1) *Lettre du Roy envoyée à Monsieur l'Archevesque de Paris pour faire chanter le Te Deum touchant la prise de la Ville de Hesdin.* Paris, chez P. Targa, etc., 1639; in-12 de 4 feuillets.

« dans les Païs-Bas, et vne grande partie de celles de
« l'Armée Impérialle que le Général Piccolomini com-
« mande. C'est pourquoy ayant estimé en debvoir faire
« rendre grâces publiques à Dieu : l'ay bien voulu vous
« faire cette Lettre, pour vous dire : Que mon intention
« est, que vous fassiez chanter dans vostre Eglise Cathé-
« drale de ma bonne Ville de Paris le Te Deum avec la
« solemnité que l'occasion requiert : Tant aux Officiers de
« mes Compagnies souveraines et de la Ville, qu'à mon
« Cousin le Duc de Montbazon de s'y trouver. Et m'as-
« seurant que vous satisferez bien volontiers à ce que je
« désire en cela de vous : le ne vous feray cette Lettre
« plus longue, que pour prier Dieu qu'il vous ait, Mon-
« sieur l'Archevesque de Paris, en sa saincte garde.
   « Escrit à Hesdin le 30 Iuin 1639.

« Signé Lovis. »

Telles sont les lettres de noblesse de la ville d'Hesdin;
tels sont ses titres de gloire. A-t-elle eu raison d'en am
bitionner d'autres? Je ne dirai pas que l'avenir répondra,
le présent n'a déjà que trop répondu.

Hesdin put nourrir pendant un certain laps de temps
l'espérance de voir augmenter sa population, croître son
industrie et fleurir son commerce : c'était lorsque le
projet de canalisation de la Canche était agité par les
Etats d'Artois; mais aujourd'hui que le chemin de fer de
Paris à Boulogne a pour toujours réduit ce projet à néant,
que restait-il à cette modeste ville, dépossédée de ses
avantages naturels par une circonscription administrative
qui la rejetait dans l'ombre? il lui restait, si elle eût
entendu les conseils de la sagesse, ses fortifications et ses
casernes. Sa position comme place de guerre de troisième
ligne ne lui permettait plus, il est vrai, d'ambitionner

l'importance à laquelle elle pouvait prétendre au XVIe siècle ; mais du moins il est visible que la richesse de son territoire quant à la production des fourrages, la rendait éminemment utile à conserver comme poste militaire et garnison de cavalerie : elle a méconnu son rôle. En brisant elle-même sa couronne murale, elle a tari la source des richesses que la nature lui avait départies (1); que ses destins s'accomplissent ! Heureusement pour nous, nous ne serons plus là pour voir l'herbe envahir ses rues....

J'aurais vivement désiré pouvoir, en finissant, indiquer l'auteur de l'écrit que je publie. M. Gérard, le savant conservateur de la bibliothèque de Boulogne, se demande (2) si ce mémoire « ne pourrait pas être de David « Aubert d'Hesdin, l'auteur de la *chronique de Naples* »; mais il ne fait pas connaître les motifs du soupçon qu'il émet à cet égard. Quant à moi, j'avoue qu'après avoir long-temps cherché, soit dans la correspondance du cardinal Granvelle, soit ailleurs, je n'ai rien découvert de satisfaisant. Je crois donc devoir m'abstenir de présenter des conjectures que je ne pourrais appuyer d'aucune preuve.

Enfin, je ne veux point terminer cette introduction, déjà bien longue cependant, sans témoigner à l'autorité

---

(1) Je tiens entre les mains une lettre en date du 4 janvier 1669, adressée par un bourgeois d'Hesdin à un capitaine du régiment royal de Roussillon qui y tenait garnison. En s'y félicitant du choix de cet officier envoyé en recrutement à Perpignan, on y exalte surtout le colonel, qualifié *bienfacteur* (sic) de la ville.

(2) *Catalogue des livres manuscrits et imprimés composant la bibliothèque de la ville de Boulogne sur-Mer*, ouvrage précieux qui n'a pas vu le jour (du moins à ma connaissance), mais dont je dois une épreuve à l'obligeance de l'auteur. Puisse mon indiscrétion obliger M. Gérard à publier son intéressant travail.

municipale de la ville de Boulogne et à son savant biblio-
thécaire, ma reconnaissance pour leur empressement à
obtempérer au désir exprimé par M. le Ministre de l'instruction publique lors de mon projet de publication : c'est
à ce concours de bienveillance d'abord, et ensuite à la
munificence toujours si éclairée de la Société des Antiquaires de la Morinie, que ce projet aura dû sa réalisation.

Paris, le 15 février 1857.

A.-J.-H. VINCENT, d'Hesdin-Fert,

Membre de l'Institut.

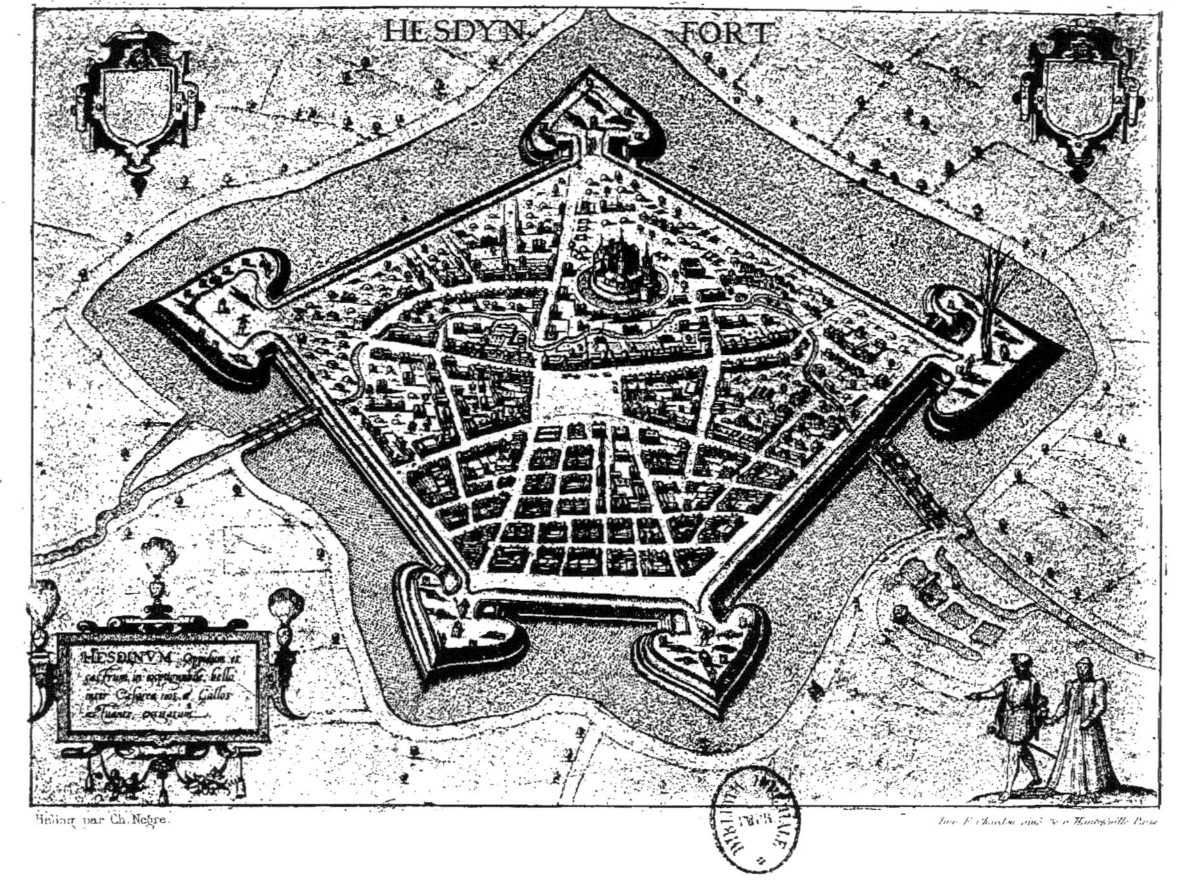

HESDYN FORT
HESDINVM Oppidum et
castrum, in expugnabile bella
inter Cæsareanos et Gallos
et Suanes, oppugnatum.
Heliog. par Ch. Negre.
Imp. F. Chardon ainé, r. Hautefeuille Paris

CONSEILS POLITIQUES

ADRESSÉS A LA PRINCESSE MARIE,

RÉGENTE DES PAYS-BAS POUR CHARLES-QUINT,

*Sur les moyens d'accroître en peu de temps la population
d'Hesdinfert (Nouvel-Hesdin, bâti en 1554 , par
Philibert, duc de Savoie, généralissime de l'armée impériale dans les Pays-Bas) « et le mestre en tel estat et
« ordre que peut mériter le nom de ville et chef-lieu de
« bailliage. »*

[N° 157 du Catalogue des manuscrits de la bibliothèque
de la ville de Boulogne-Sur-Mer.}

A TRÈS HAULTE, TRÈS ILLUSTRE ET MAGNANIME PRINCESSE
MARIE, PAR LA GRACE DE DIEU, ROYNE DOUAIRIÈRE DE
HUNGUERIE, DE BOHÉME, ET RÉGENTE POUR L'EMPEREUR (1)
ÈS PAYS DE PAR DE ÇA.

Madame, considérant que ces jours passés, chascun estoit
occupé aux bastimens, fortiffications et munitions de Hesdinfert, ville que l'Empereur, nostre souverain Seigneur et
Prince naturel, par grand' et meure délibération de conseil a
nouvellement fait construire, pour la deffense et tuition du
bailliaige de Hesdin, membre notable de son pays et comte

---

(1) En la Gaulle Belgique (4 mots biffés).

d'Artois, occupé (certain temps y a) par le Roy de France, sans aulcun title. Scachant aussy qu'il estoit nécessaire policier et orner (1) ladite ville de toutes choses convenables pour l'accroissement prouffict et utilité des manans et habitans en icelle ; et desirant à l'exemple des bons, studieux, et amateurs de la republique ne cesser de ma part. Ains (autant que en moy est) promouvoir oeuvre tant important et util au pays , me suis lors déliberé de mettre la main à la plume pour rédiger par escript certains poinctz et articles par où (selon mon jugement) plus facilement et en moindre espace de temps , iceluy fort pourroit estre habité de nombre compétent de poeuple et mis en tel estat et ordre que pour mériter nom de ville et chief lieu dudict baillaige, à laquelle fin il a été construict et muny avec despense inestimable quy doibt donner occasion de tant plus prendre songneux regard sur tout pour ne riens laisser qui puist servir à la seureté et munition de la dicte place, repos et tranquillité du pays en dépendant.

Non pas, Madame, que soie ignorant que Sa M^é. et la Votre, ensemble Messieurs de vostre conseil (auquel riens ne deffault) n'ayent conçu et advisé plus que suffisamment tous moiens quy poeuvent ayder à cestuy affaire ; mais pour faire expérience par moi sy par adventure je pouvois apporter quelque chose qui vint à propos pour le service de Sa dicte Majesté et le votre et de cestuy pays dont je suis, comme toutes personnes y sont tenues et obligées, d'aultant plus que à l'heure présente vos deux Majestés, ensemble lesditz sieurs de vostre conseil poeuvent estre divertis de penser à telles choses vulgaires et communes , pour la multitude des grands et ardus négoces occurrens par chascun jour de toutes pars, esquelz n'estes seullement détenus et occupez mais ainsy continuellement travaillez, que pour succumber au faiz , n'estoit une singulière facilité ou plus tost divinité d'esperit
qui rend tout
expédition a
conseil
plus inci

---

(1) Instruire (biffé).

ne re
se pro
du p
discu
ains.
par
ny

et prophane
ennent

(Lacune d'une page).

Chap. 1.

grandes ruynes advenues par la guerre presente au bailliaige
dudict Hesdin et pays à l'environ (ja pour la meilleure partie
destruit et habandonne) il ne poeult estre aultrement, que
ceulx qui vouldront illec habiter ne se retrouvent à ce comen-
chement en grandes incommodités, par deffault de plusieurs
choses, pourquoy les personnes sont esmeues et incitees d'aller
chercher residence en quelque ville nouvellement basties sy
ce n'est que telles difficultez soient compensées par aultres
commoditez qu'on pourroit leur adinventer et mectre en
avant, m'a semblé n'estre mal à propos faire icy quelque brief
discours et recueil (1) d'aulcuns moiens, par ou iceluy fort
construit et muni avec dépense inestimable, il y seroit aucunement remedié, à celle fin que plus aisément, en moindre
temps, et à plus petite despense, ladicte place soit mise en
estat de ville, habitée de nombre compétent de pocuple, regie
par bon ordre et obeissance, pour maintenir en auctorité,
tant pour le faict de la justice, comme des armes sur tout le
dict bailliaige, qui est de sy grande extendue et compréhen-
sion que tousjours a esté tenu entre les premières chastel-
lenies (2) et quartiers dudict comté d'Aartois. Et jasoit que la
chose pourra sembler non seullement difficile, mais aulcu-
nement impossible, pour les degastz et ruynes dudict pays

---

(1) Recoeul (b.)
(2) Tenu ung des principalles membres (b.)

(selon que dict est) néantmoins avecq bon ordre et conduite (1),
la chose se poeult effectuer, comme font toutes aultres choses,
quelque apparence d'impossibilité qu'elles ayent de prime
face. Ce que nous tesmoignent les anciennes histoires sacrees
et prophanes, ou se void de combien petit commenchement,
et nullement comparable à celuy de Ilesdinfert et sans ayde
de tel Prince comme est l'Empereur nostre sire (2), plusieurs
villes au meillieu de leurs ennemis se sont en peu de temps
eslevées, et enfin devenues bien puissantes, voire [croistre en
tel grandeur que d'estre] capitales [d'un pays, et les anciennes]
du monde, seulement avec bon ordre, et par la conduite de
quelque homme belliqueux et vertueux, soubz les auspices
[et nom] duquel une trouppe de personnes s'estoit congregée
en union de policie divine et humaine. Et tant que telle multitude a craint les puissances célestes, esté (3) pourvue de bon
magistrat et obeissante aux loix, elle a flory et regné. Au
contraire, sy tost que discord, maulvais gouverneurs, force
et oppression, ont trouvé lieu entre eulx, sans crainte de
justice, incontinent sont venues à bas. Les monarchies et
royaulmes ont été transferez d'une gent à l'aultre, les poeuples dispersez, les villes ainsi exterminees et subverties, qu'il
n'en reste aulcun vestige ni memoire; ou s'il en reste c'est
pour la détestation et abhomination de leur faict. Quy doibt
donner terreur à tous poeuples de ne devenir en telle malice,
que Dieu ayt matière d'extendre sa fureur sur eulx, comme
il a fait sur iceulx poeuples, depuis qu'ilz sont tumbez en
désordre, délaissans les moiens par ou s'estoient agrandis.
[Que sy sambloit que si tost toutes choses requises ne se puissent effectuer pour raison du temps mauvais, à tout le moins
se pourra faire une bonne partie présentement et le surplus
moins nécessaire achever à la première commodité, pensant
tousjours que à bon vouloir ou coeur genereux riens ne se
trouve impossible, comme dit est (4).] [Car sous une maxime

---

(1) Police (b)
(2) Nostre souverain Seigneur et prince naturel (b)
(3) Estant (b.)
(4) Tout ce passage est biffé.

est véritable que toutes choses naturelles se conservent par
les mesmes causes et moyens qu'elles ont esté faictes et in-
troduites].

DE LA POLICIE ECCLÉSIASTIQUE ET QUELLES CHOSES SONT PREMIÈREMENT A ORDONNER EN UNE VILLE OU PAYS.

Chap. 2.

Ville ou cité (car présentement nous appellons ville ce que
les anciens ont appelé cité) n'est aultre chose que une multitude assemblée pour deffendre son estat conjoincte en unité
de loix. Car (comme dict Cicero, homme vraiement politique)
une ville ne consiste ès parois des maisons, mais en société
de religion, de loix et de fortune ; et la fin à laquelle toutes
villes se doibvent ediffier est pour resister conjuinctement
aux périls communs, secourir mutuellement aux affaires l'un
de l'aultre et vivre en repos et tranquillité ; ce que faire ne se
poeult, si deux choses, Dieu et la loy, ne dominent en icelles,
c'est-à-dire, sy le faict de la religion qui concerne l'âme et la
policie temporelle tant en [temps de] paix que [de] guerre,
n'est mise en bon ordre et estat ; aultrement sy l'honneur de
Dieu est postposé, le service divin delaissé, les pasteurs ne
sont en reverence, que le magistrat soit vicieux, le poeuple
desobeissant et au lieu de justice, iniquité, force et oppression regnent en icelles, il est necessaire que telles villes
quelques puissantes qu'elles soient incontinent et sans delay
voisent (?) perdues ; tant s'en faut qu'on doibve esperer que
une place nouvelle puist avoir accroissement et durée sy elle
n'est dès son commenchement bien regie et policiée en ces
points. Cela entendit très bien Rómulus, fondateur de la ville
de Romme (chose lors bien petite et depuis [sy grande que
nuls royaulmes ne luy ont peu approcher (1),] lequel sans
avoir cognoissance du Dieu vivant, seullement avecq une
scintille de jugement naturel perceut que tous biens et accroissement venoient d'en hault ; à ceste cause voulut premiè-

____

(1) Depuis la plus grande du monde (b.)

rement sacrifier à ses dieux et après (1) ordonner loix, establir le magistrat, eslire cent senateurs pour assister de conseil en tous affaires publicques [par lesquels se conseilloit en tous ses affaires, ausquels il laissa la délibération de la guerre et de la paix, se reservant seulement l'auctorité d'assambler le sénat et l'ordonnance et disposition du camp et de la bataille.] En oultre (2) pensa des mariaiges de ceulx qu'il avoit assemblé et depuis mena (3) guerre; le mesme fut ensuivi par Numa Pompilius et aultres successeurs Roix de Romme jusques Tarquin le Superbe qui pour ses oppressions fut expulsé du règne. Aprez lesquelz Roix, le Sénat et poeuple romain tousjours ont eu singulier soing des choses sacrées jusques là qu'ils ne commencèrent jamais affaires de poix sans preallable consultation des Augures [Ariolets, Aruspices], inspection des livres sibyllins, aussy par grandes ceremonies de leurs sacrifices et souvent par expiation et restauration d'iceulx, sy aucuns les avoient prophané, ce que ont faict aussy tousjours (4) les aultres poeuples regis par hommes sçavaus, [tant pour ordonner leurs villes, poursuivre leurs entreprises que appaiser leurs séditions et tumultes], dont leur est bien pris. Sy doncques les Romains et aultres Ethnicques avoient telle cure des choses divines, que doibvent faire les Chrétiens qui sont instruicts par la vérité infallible, Jesus-Christ, de referer tous leurs œuvres à l'honneur et louenge de Dieu seul autheur de tous biens. La religion desdits paiens, [comme dict est] n'estoit que superstition et ydolatrie, et neantmoins donnoient tout ordre à eulx possible qu'elle ne fut violée, et nous permectrons nous la nostre tant saincte et parfaicte aller perdue. Osterons-nous à une multitude assamblée en union de ville ses moyen de vraye dévotion? certes nullement (5),

---

(1) Et ce fait (b.)

(2) Or ce fait (b.)

(3) De mener (b.)

(4) Les six mots précédents sont biffés quoique nécessaires au sens.

(5) Osterons-nous au simple et rude poeuple les moiens pour restaurer ce qui est endommaige? non, non (b.)

au contraire luy faut proposer toutes choses pour la rendre
meilleure, pour cause que de soy-mesme [le poeuple] est
assez indevotieux et mal affecté aux églises, sans le laisser
plus longtemps s'endurcir et aliener de la religion (1) et hon-
nesteté de vie digne de la profession chrestienne, à quoy les
mistères et doctrines de Dieu poeuvent vrayement pourveoir
[plus que nulles autres choses].

DE EDIFFIER UNE ÉGLISE ET POURVEOIR AUX CHOSES DIVINES.

Chap. 5.

Sa Majesté doncques pour mettre ordre au premier point
qui est de la religion aura à faire incontinent designer et li-
miter audit Hesdinfert le lieu (si jà faict n'est) propice, si
comme vers le meillieu de la ville, pour à la première opportunité pouvoir eriger un temple et église paroichiale qui soit
spacieuse et capable du nombre de poeuple qui pourra de-
meurer en la dicte ville, lequel temple avec le temps conviendra orner tant en ediffices que aultrement, selon la puissance dudict poeuple, qui fera le debvoir de conférer quelques aulmosnes à l'achefvement d'iceluy. Cependant pour ne
laisser (comme dict est), la multitude des gens de guerre
estans illecq en garnison et aultres habitans sans église (2),
est besoing d'avoir quelque ediffice legierement faict sur le
lieu ou se mectra chy après le principal temple, affin que
journellement le poeuple y puist convenir pour oyr le sainct
service divin et où luy seront administrez les sacrements et
ce pour ne donner occasion que les personnes residents en
iceluy fort oublient avec l'intermission des prières quoti-
dianes la crainte de Dieu, qui donneroit la principalle occasion aux subjects d'estre plus rebelles et desobeissans aux
superieurs, car il n'est riens plus véritable que ou le poeuple
a mis en nonchaloir la crainte et reverence de Dieu, du mesme

____

(1) La dévotion (b.)
(2) (Doubtant que la dévotion ne se passe en eulx et que peu à peu
ne *seremene* (?) en nonchalloir). (Note biffée.)

chemin il contempne toute puissance des superieurs, dont
s'ensuivent toutes calamitez et misères, et tumbe par ce moien
ledict poeuple bien souvent en sens reprouvé, comme les
exemples en sont trop manifestes; tellement qu'il faict à tenir
que la profunde malice où le monde present est devenu ne
procède d'aultre chose et cause que d'infidelité, ignorance ou
contempnement de Dieu et de faulses et perverses opinions
qu'il a conceu de la religion chrestienne, pour lesquels er-
reurs et mescreances extirper le bon Prince doibt employer
toutes ses forces en faisant restituer par les pasteurs ou eves-
ques (en tant qu'en luy est) tous moiens de devotion, punis-
sant diligemment les vices et faisant reformer les abuz des
gens d'eglise [avec les blasphemes et irreverences qui se font
journellement au sainct nom de Dieu, et mectant ordre incontinent en ce qui concerne le premier poinct et principal fon-
dement de la religion qui est la saine doctrine et vraye ado-
ration de Dieu]. Or, affin que les sacrifices [predications, ad-
ministrations des sacrements] et cérémonies ecclesiastiques
soient mieulx achevées, se pourront et debveront donner
aux personnes ecclésiasticques faisans par eulx tels services et
offices susdits (1), toutes les dignitez, prebendes, cures, chapelles, personats, chantuaires et generallement tous les revenuz et fundations qui soloient estre ès egliscs collegiales,
paroichiales et chapelles tant de la ville de Hesdin que du
chasteau ; et pour ce faire plus commodément sera expedient
deputer quelques commissaires idoines qui s'informent parti-
culièrement de touts et quelconques les benefices et revenus
ecclesiasticques qui soloient estre audict Hesdin le Viel, spe-
cifians quelz benefices il y a, combien ils valent, ou est assis
le revenu, qui sont pourveuz d'iceulx, les charges ausquelz
ils sont submis, puis leur rapport en ordonner par Sadicte
Majesté comme elle trouvera convenir en l'honneur de Dieu,
entretenement du sainct service divin et de la foi et doctrine
catholicque, et cela faict, le plus tost que la comodité des
vivres le pourra souffrir, toutes personnes ayans quelques
provisions ecclesiasticques seront par saisissement de leur

---

(1) Assistens audict temple (b.)

temporel [ou aultrement deuement] constrainctes faire residence audict Hesdinfert, dont viendra double prouffict à la ville, asçavoir tant à la spiritualité comme à la temporalité [estant que par ce moyen se multiplira plus facilement le poeuple]. Lequel revenu ainsy saisy (s'aulcun en y a) se pourra emploier à l'ediffication dudict temple, comme aussy le proffict des benefices vacans, sy avant que on trouva que tous les beneficiers ne peuissent sy tost faire residence oudict lieu ; avec ce les pierres, grez, charpentaiges et tous materiaulx des églises et chapelles desmollies audict Hesdin se debveront laisser pour advanchement des ouvraiges dudict temple nouveau, sans souffrir qu'ils soient applicquez à usaige prophane, comme le droict divin et humain ne le permect faire (1), avec ce qu'ils ne poeuvent beaucoup aider et que aussi bien il en fault d'aultres pour construction de ladicte Eglise. [Oultre ces choses sera bon de choisir quelque place commode soit dedans ou dehors la ville pour begnir et dedier coemetiere et lieu de sépulture publicque affin que non ne défaille de ce qui poeult servir à la devotion ecclesiasticque.]

A QUELZ PERSONNAIGES ET EN QUELZ OEUVRES DEBVERONT
ESTRE CONFEREZ LES PROVISIONS ET REVENUZ
ECCLESIASTICQUES.

Chap. 4.

Et pour ce que la parolle de Dieu est le vray et droict sentier de vie et que le concionateur sacré sert de porter la lumière au monde, fault donner ordre que le poeuple qui residera en icelle ville noeufve ne demeure destitué de predicateurs ou directeurs evangelicques ; mesmement leur en est besoing d'aultant plus grand nombre et de meilleurs que partie de la multitude qui est apparante y confluer sera plus barbare, rude et ignorante de la doctrine evangelique et des choses spirituelles, parquoy, en premier lieu pour deuement achever la policie ecclesiasticque, est besoing prouveoir que le principal pasteur et ses aydes ayant charge des âmes soient

---

(1) Le voeult et ordonne (b)

ydoines et ornez de toutes vertus et choses requises à leurs
dits offices, qu'ils soient de bonne vie, modeste conversation,
et de litterature suffisante, vigilans sur leur trouppeau et
irreprehensibles, affin que leur vie ne puist moins preschier
que leur parolle ; [aussy qui soient natifs des païs de Sa Majesté, ses bons et loyaulx subjects.] Parquoy, Sa dicte Majesté
debvera encharger l'evesque diocesain de donner ordre en
ce regard et d'adviser du clergé qui y debvera estre. [Qui
aussy soit tel que le gouverneur de la place n'aye cause de
le suspecter.] En oultre conviendra ordonner certains con-
cionnateurs sacrez de la qualité et condition que dessus ,
soient de prestres seculiers ou religieux, lesquels à tour de
rolle, par chascun tour de dimence et festes avecq les qua-
resmes et advens feront la predication et qui rechepveront
en ayde du pasteur en temps opportun les confessions des
gens layz leur administrant consolations de l'esperit ; brief
feront toutes choses servantes pour instruction d'un poeuple
chrestien ; chose tant nécessaire pour tenir une multitude de
poeuple en obeissance de Dieu, crainte de justice et mutuelle
charité et le revocquer de mal faire, que à grand peine en
pourroit-on penser une aultre de plus grande conséquence ;
qui plus est, ung prince ou chief de ville quelque puissant
qu'il fust s'abuseroit du tout en tout s'il pensoit sans ce, regir
et conserver en prosperité, non seullement un poeuple mais
aussy sa maison, comme dict est cy-dessus, ce qu'est repeté
icy, parceque plusieurs pourroient avoir aultre opinion, n'es-
timantz que cela servit à la policie civile ny aux fortiffications et seuretez des villes ; mais la vérité des exemples nous
tesmoignent bien du contraire. [Sçavoir est que pour maintenir ung poeuple, ville, pays ou royaulme, mesmement une
maison princière en son office, il est besoing penser que la
religion ne se passe et que peu à peu ne vienne en nonchalloir ; car le plus grand signe que on puisse avoir de la perdi-
tion d'un estat de pays, c'est quand Dieu s'y oublie et son
service (1).] Et au regard du traitement qui se pourroit faire

---

(1) Que la sollicitude des choses spirituelles est d'aultant plus
utile et nécessaire comme l'âme surpasse le corps (b.)

ausdictes personnes ecclesiasticques en sera advisé par Sadicte
Majesté ou par iceluy evesque sur l'information desdicts commissaires, en delaissant audict pasteur pour luy en traictement de ses chapellains et aydes tous les fruicts, profficts et
revenus des cures qui estoient paravant audict Hesdin ; en
regard qu'il aura la charge de tout, affin mesmement qu'il
soit pourveu oudict office de homme plus suffisant et le
poeuple moins foullé et travaillé (1) de salaire, de confessions,
baptesmes, et pour administration d'aultres sacrements. Que
sy par adventure ledict traictement estoit trop petit, on y
pourroit adjouster aulcunes chapelles , ainsi que la chose
semblera le requerir ; et quant aux principalles dignités, prebendes et chanoinies ne seroit maulvais les conférer ausdits
sacrés concionateurs en cas qu'elles fussent vacantes : aussy
se pourroit reserver quelque prebende pour un escolastre qui
seroit tenu de tenir escolle ou de pourveoir de quelque maistre
pour enseigner les enffans ; ad ce mesme effect, se pourroit
semblablement garder quelque aultre prebende pour ung
medécin publicq , pourveu neantmoins qu'ils fussent tous
capables et idoines pour tenir benefices ecclesiasticques ;
tous lesquels assisteront aussy au sainct service divin et le
surplus desdictes prebendes, chapelles et benefices se confe-
reroient comme du passé, n'estoit que pour mieulx traicter
ceulx qui auroient les charges avant dictes il convint unir et
mectre-deux benefices en ung ; [bien entendu que nuls autres
que naturels subjects de Sa Majesté imperiale ne pourront
tenir lesdicts bénéfices ny demourer illec comme citoiens.]
Pour faire toutes lesquelles choses deuement selon le besongné
et relation desdicts commissaires , Sa Majesté en pourroit
escripre à Nostre Sainct Père le Pape affin que Sa Sainteté y
donna son consentement en y interposant son decret, par
advis dudict evesque diocesain, sy ce n'estoit qu'on trouva
meilleur qu'il y eust quelque petit couvent de cordeliers ou
d'aultre ordre mendiant, comme il y avoit du passé audict
Hesdin, ou fussent personnes doctes et d'honneste conversation, natifs des pays de Sa Majesté, qui pourroient faire les

---

(1) Exactionné (b).

offices de predicans et servir aux choses de la religion chrestienne (1), tant en ladicte ville et cy après au plat pays dudict quartier de Hesdin comme ils avoient accoustumé, [prendant neantmoins (2) tousjours regard que n'y soient estrangers conversans avecq eulx pour oster toute occasion de quelque sinistre praticque, qui se font quelquefois sous tels prétextes (?).] En oultre se trouve necessaire de en premier oeuvre transférer l'hospital dudict Hesdin en ladicte ville neeufve en quelque lieu propice et spacieux sur l'issue de la rivière pour illec rechepvoir les poures gens de guerre ou citadins qui seroient malades ; en y ordonnant quelque nombre d'honnestes femmes religieuses hospitaillières pour penser iceulx malades avec quelques medecin, apothecaire et chirurgien gaigés sur les fruicts dudict ancien hospital, à l'entretenement duquel nouveau hospital sera applicqué tout le revenu de l'ancien, et sy le proffict ne semble grand assez pour furnir à toutes charges dudict lieu, signaument à ce commenchement que le bien poeult estre en petit valeur (3), Sa Majesté le pourroit doter et y conférer quelque aulmosne annuellement tant que les fruicts de terres de l'ancienne fundation fussent meilleurs, mesmement on pourroit annexer à iceluy hospital quelque revenu d'aultres lieux pieux dudict bailliaige, comme l'information des commissaires veue seroit trouvé le plus convenable ; aultrement s'il n'est pourveu d'hospital, speciallement ad ce commenchement que le nombre des malades est apparant d'estre grand, pour diverses incommodités en quoy les soldars et citadins se retrouveront en la dicte nouvelle ville toutes notoires, plusieurs pourroient morir, consequemment causer variété de maladies contagieuses qui proviennent souvent de petit commenchement en faulte de bonne cure et sollicitude sur les malades, dont s'ensuyvroit depopulation de ladicte ville ; à quoy doibt estre remedié pour le grand proffict que auroit Sa Majesté que la dicte ville fust habitée de bon nombre de citoiens et bourgeois,

---

(1) Aussi preschier (b.)
(2) En cas que aucuns d'iceulx soient admis audit lieu (b.)
(3) Et le nombre des malades grand (b.)

gens de biens, sy faire se poeult, au soulagement des grosses garnisons qu'il y conviendra tousjours avoir et entretenir en tout temps jusques à ce qu'elle soit deuement habitée.

[Neantmoins n'est bon que toutes personnes indifferamment soient receues en ladicte ville ; ains seulement ceulx qui ne sont suspectez porter faveur aux François tant par alliance comme aultrement, dont le gouverneur du lieu aura à congnoistre (1).] (Cy aprez en fin du 7ᵉ chapitre).

DE LA POLICIE CIVILLE OU TEMPORELLE ET PREMIÈREMENT DU GOUVERNEUR ET CAPITAINE.

Chap. 5.

Aprez avoir dict de l'ordre qui doibt estre mis pour le fait de la religion et spiritualité, reste à parler de la conduicte qu'il fault tenir au temporel et civilité qui consiste en deulx membres asçavoir, en l'art et discipline militaire et en la science de justice civille, tendans neantmoins ces deulx choses toutes à une fin qui est la pacification et concorde des gens de villes et villaiges (2) avec les souldars, dont s'ensuit repos et tranquillité publique d'une ville, pays et region ; [et ont tousjours les armes et les loix besoing de l'ayde l'un de l'aultre, car la chose militaire est colloquée en seureté par les loix, et les loix par les armes sont soustenues et gardées ;] or pour maintenir icelle tranquillité (3), avant tout œuvre est requis quy soit commis ung certain chef gouverneur et capitaine de ladicte ville et bailliaige, tant pour le faict de la justice que de la guerre, qui soit sçavant (sy faire se poeult) en l'administration civille et faictz belliqueux (4), ayant les qualitez et vertus pertinentes pour ces deulx poincts, lequel soit prudent au deliberer, fort pour l'exécuter, bien scachant faire et commander, [non dissolu en ses faicts et dicts (5), modeste

---

(1) Passage biffé.
(2) Bourgeois (b.) — Citadins (b.)
(3) Pour laquelle maintenir (b).
(4) Pour ordonner une cité nouvelle (b.)
(5) Du moins patient et (b.)

et tempéré (1), tempérant pour prester audience à l'oppressé
et bon justicier pour punir les delinquens, qui sont les offices
des (2) quatre (3) principalles [vertus morales](4) vigilant pour
resister aux surprinses des ennemis tant fins (5) et cautelleux ,
[qui ne cesseront continuellement machiner et controuver
toutes choses pour prendre la place au depourveu , si leur
est possible ; à quoy ils seront tant plustost incitez en cas
qu'ils trouvassent ledict capitaine negligent, dont il se doibt
bien garder (6). Au contraire, si faire se peult (7), doibt pres-
sentir les desseings et praticques desdicts ennemis, en se
servant de bons espions et de la faveur des gens de la frontière qui ait l'art pour donner cœur et esperance aux compa-
gnons et les garder de murmurer et de parlementer , s'ils
estoient fermez d'un siège , desquels il soit reveré, obéy,
crainct et aymé. Fault aussy qu'il soit] liberal et plus studieux
du service de son maistre, de l'utilité de ladicte ville et de son
honneur que de pécune ou de son proffict particulier, car il
n'y a chose qui rend le chief plus odieux et contemptible
qu'avarice, laquelle hayne et contempnement de l'inferieur
vers son superieur est chose tant perilleuse qu'il n'est possible
de plus, et pour (8) cela nous lisons bastailles perdues, villes
trahyes, forteresses et places aultrement imprenables, rendues
sans coup férir par les citadins et soldars pour la seule hayne
qu'ils portoient à leurs capitaines ou chiefs. Au contraire la
grande reputation et faveur qu'ils ont eu de leur chief a sou-
ventes fois esmeu leurs cœurs de faire actes chevaleureux de
haulte emprise et leur faict remporter victoires inopinées, en
telle manière que justement on poeult dire qu'il n'y a garde
ny seureté plus grande pour un capitaine ny pour la forte-

---

(1) Tempérant (b.) — Du moins patient (b.)
(2) Susdites (b.)
(3) Vertus (b.)
(4) Avec ce fault qu'il soit (b.)
(5) Astutes (b.)
(6) Et davantage il aura à soy monstrer et estre libéral (b.)
(7) Possible est (b.)
(8) Deffault de (b.)

resse qu'il a entre mains que la faveur des siens , ny plus
plaine de dangier que la defaveur ; comment ces faveurs et
admirations se doibvent acquerir du poeuple (1) et le mes-
pris eviter, Cicero au second livre de ses offices le traite am-
plement. [Quoy qu'il soit, fault qu'il ayt bon traictement de
Sa Majesté pour vivre honorablement, tenir court et despense,
et soit accompagné de bons lieutenants et de notables perso-
naiges pour la guerre et conseil ayant autorité ample (?), tellement que les gens (?) l'ayent à obeyr et honorer comme le
princé propre, son lieutenant quelconque ou gouverneur
d'un pays. Ne souffira aussy que ledict gouverneur sçace bien
le mestier de la guerre pour manier armes aux champs en
rencontre, mais qu'il soit homme expert et idoine pour sous-
tenir ung siège, si par adventure on n'avoit loisir de y en-
voyer ung plus grand que luy pour proveoir (?) à ce siège, comme on a veu plusieurs fois advenir, car tel seroit bon pour la
bataille qui ne sçauroit proveoir ne donner ordre à un tel
cas.] Oultre ce ledict capitaine sera tenu faire en icelle ville sa
residence soit par temps de paix ou de guerre, du moins tant
que ladicte place soit achevée du tout en tout, [et pour temps
de guerre] à l'occasion de laquelle sa presence ne seront
seullement mis en perfection les ouvraiges de la fortiffication
et des amasements, [et gens de guerre plus diligens pour la
garde d'icelluy fort], mais aussy la chose civille en tous en-
droicts en sera beaucoup mieulx et plus paisiblement regie
et gouvernée, consideré qu'en absence du gouverneur général du pays il y doibt estre chief de tous, [prendant tousjours par luy le regard que la place soit ainsi fortiffiée et
fournie de vivre, artillerie, et munitions nécessaires pour sous-
tenir ung siège à tout le moings un an enthier, et ad ce donner
tel ordre que ladicte fourniture ne faille jamais, et sy faulte
s'y trouvoit, que on sceust à qui s'en prendre, [attendu que la
dicte place est aux extremitez du pays, affin qu'il ne soit si
tost besoing de hazarder quelque chose pour la secourir
comme aussy que l'ennemi ait perdu espoir de la pouvoir

(1) Et subjectz (b.)

facillement conquester et par ce moyen ne s'y attace si tost] (1).
Par dessus tout capitaine le dit ¡gouverneur général tiendra
la totalle superintendance.

DE CE QUE LEDICT GOUVERNEUR OU CAPITAINNE DOIBT PREALLABLEMENT FAIRE.

Chap. 6.

L'office d'icelluy gouverneur ayant la charge des citadins
et soldars [aprez avoir donné ordre à ce que dessus] sera re-
garder et penser (2) que la justice tant pour caz civilz que
criminelz soit bien ordonnée et obeye, la discipline et seve-
rité militaire gardée et en la ville et aux champs, de sorte que
ung chascun vive paisiblement en sa vocation sans estre
foullé, mengé ny oppressé d'aultrui, qui sont les vrays effects
de justice, que sy aulcun use de quelque force ou excès, en
prendre sans faveur ou dissimulation, supplice condigne à
ses demerites, en usant plustost de rigueur que douceur, ce
qui est expedient faire par un gouverneur, collonnel ou capitaine qui voeult reformer une licence de soldars, mesmement quant il est besoing d'exemple à terreur des maulvais
et asseurance des bons. Ad ces fins sollicitera et procurera
de bonne heure que Sa Majesté face quelques edicts, ordonnances et loix pour le faict des gens de guerre, affin de restituer la discipline militaire, les faisant publier une, deux et
trois fois avecq preadvertence d'y tenir extrême rigueur pour
l'observance d'icelles ordonnances; ou luy mesmes par provision en pourra faire aulcunes sy bon luy samble, [par ordonnance dudit sieur gouverneur general,] entre aultres choses
pour le faict desquels de non partir de la garnison sans congé
du collonel, capitaine ou son lieutenant, par especial de ne
fourrager, piller ny menger les subjects de Sa Majesté en la
ville ny aux champs sur peine de la hart, quelque petit que

---

(1) Tenant tousjours ledict gouverneur général la superintendance sur tout (b).

(2) Sera d'avoir songneux regard (b.)

fut l'excès, soit que l'on (1) viengne à plaindre ou non, par le moien de quoy plus facillement tiendra toute la multitude en concorde et union, et sera cause que iceluy Hesdinfert sera plustost remply d'ediffices et chercé d'habitants qui y viveront plus commodément ensemble, que le plat pays sera mise en bonne labeur (2) et restitué à sa première valeur et fertilité, chose que l'on doibt grandement desirer pour le proffict de tout le pays d'Artois, aussy support des grands frais et mises qu'il conviendra aultrement porter par Sadite Majesté pour le furnissement des munitions de vivres d'iceluy fort, dont elle seroit grandement relenté si ledict pays estoit en bonne labeur et nourriture de bestiaulx, [si on ne poeult du tout à tout, le moins ledit pays ne seroit tant desnué de tous biens comme il est presentement,] par ou se pourroient subministrer continuellement en ladicte ville toutes sortes de victuailles ; en effect, n'aura ledict capitaine seullement regard sur ce qui concerne les armes (dont toutesfois le grand soing luy incumbe pour l'importance de la place et vicinité des ennemis tant plains de dolz et finesses), mais aussy aura la cure que l'estat de la république soit bien policié de magistrat, de loix, status et toutes choses convenables, ainsy que par après sera dict. [Servant luy mesmes d'exemple de continence, justice et discipline militaire aux siens. Avec ce à luy sera d'avoir le soing que toutes personnes en quelque qualité que ce peust estre ne soient indifferamment receùes en ladicte ville ou au quartier dudict Hesdin ; ains seullement ceulx qui ne sont suspectez porter faveur aux François tant par unissance (?), alliance ou par avoir suivy le party dudict François depuis la reduction d'icelluy bailliaige en l'obeissance de Sa Majesté, dont il aura la congnoissance. Aussy de luy conviendra impetrer congié devant que pooir venir faire residence en icelle forteresse.

DES LIEUTENANS D'ICELUY CAPITAINE ET GOUVERNEUR.

Chap. 7.

Ad ces fins iceluy gouverneur ou capitaine aura incontinent

---

(1) Le paysant (b.)
(2) Agriculture (b).

3

à prouveoir de deux lieutenans gencraulx pour les mestres (?)
de sondict gouvernement subjects à luy, l'un pour matières
et affaires de la guerre et pour cougnoistre de ses soldars,
l'aultre pour la policie civille et criminelle de ladicte ville et
dudict bailliaige, lesquels ses lieutenans il regardera com-
mettre de qualité suffisante selon que la grandeur de leur
charge le requerra, qui sera grandement le service de Sa
Majesté, bien du pays et le support dudict capitaine, les trou-
vans de la qualité que nous avons dict estre necessaire pour
ledict capitaine [sans conferer lesdits estats par proximité de
sang ou quelque familiarité particullière, en tant que en telles
choses on ne doibt avoir regard]à personne (?), ains chercer
gens de bien qui sçachent et voeullent faire leur commission,
car oultre ce que on contente Dieu par ce moyen aussy on
gaigne la faveur de tout le poeuple,] principallement en pren-
dra qui sçachent donner audience aux oppressez et faire
bonne justice des malfacteurs, non corruptibles par faveur ou
avarice ; [car tels gens en façon du monde (?) ne doibvent
avoir charge ny entremesler de justice ny de policie de ville.
Sy en effect seront tels que dont] (1) les bourgeois ou gens de
guerre n'ayent aulcune maulvaise suspicion ny malvoeul-
lance, qui ne soient fauteurs ny participans de la malice des
delinquens, qui aussy scachent ainsy chascun endroict soy
modérer leurs affaires que ouvertement ny simulement ne
portent hayne et inimitié l'ung à l'aultre, que sy entre eulx
estoit tumbé tel mal contentement et division (2) que iceluy
gouverneurs après quelques (3) monitions particulières ne les
puist reconcilier, s'informera de celuy qui sera la cause dudict discord pour s'en faire quicte et au lieu d'iceluy en surro-
guer quelque aultre, sans souffrir que personnes qui sont au
service de Sa Majesté soubs la charge d'un mesme capitaine
ou conducteur continuent en inimitié, chose la plus dange-
reuse du monde, et par où en poeuvent advenir de grandes
commotions et inconveniens , qui bailleroit aussy occasion

-----

(1) Contre lesquels (b).
(2) Et simultó (b).
(3) Une ou deux (b.)

aux gens de guerre de plus hardiement menger le bon homme soubs espérance de impunité qu'ils penseroient avoir par le moyen de la dissension estant (1) entre lesdicts lieutenans ou capitaines inférieurs à luy; mesmement n'endurera aulcune inimitié ouverte entre les soldars ny ceulx qui sont soubs sa charge (2) parce que cela ne seroit ny seur ny honeste pour luy.

[DE L'ORDRE SERVANT POUR LA FORCE ET] QUELS SOLDARS SE POURRONT MECTRE POUR GARNISON DE LADICTE VILLE.

Chap. 8.

Pour la garde et tuition de laquelle place et pays à l'environ on pourra laisser tel nombre de gens de guerre de pied et cheval que l'on estimera convenir tant pour offendre que deffendre. Et samblablement (3) qu'en mectant audict fort gens d'armes (4) du pays d'Artois, du moins aulcuns enseignes, c'est asscavoir celles qu'on vouldroit ordinairement en temps de guerre et de paix y laisser et entretenir, on feroit grandement l'augmentation et melioration d'icelle ville, et avec le temps Sa Majesté pourroit estre supportée de quelque partie de garnison, car comme une quantité des soldars de ce pays sont mariez ou se pourroient marier, s'ils estoient certains d'avoir audict Hesdinfert le lieu de leurdicte garnison ordinaire ils pourroient illec evocquer leurs femmes, enffans et mesnaiges, prendans affection d'y faire quelques ediffices, mesmement de faire cultiver et mectre en labeur quelques terres allentour d'icelle ville ou faire quelque mestier et art mechanique, dont la ville pourroit plus tost estre poeuplée et furnie de tous artisans, toutes lesquelles choses en cas que estrangiers y soient colloquez et qu'ils s'attendent de changer

---

(1) Du malentendu (b).

(2) Prendant tousjours bon regard à toutes personnes..... chercez en fin du 4ᵉ chapitre (passage biffé).

(3) Mais semble (b.) En marge est le mot *tarnez* avec un renvoi auquel rien ne répond.

(4) De guerre (b.)

et remuer de résidence cesseront, car ne prendront aulcune cure ou plaisir à la decoration et accroissement d'icelle ville ny du pays ; au contraire ne feront que foulles et aux champs et en la ville pour tirer le plus de proffict qu'ils pourront, ainsy que communément gens de guerre sont coustumiers faire (1). Avec ce ne seroit impertinent (2) que les mortes payes qui sont en diverses places et chasteaux tant d'Artois, Flandres que aultres provinces non frontières et où aulcune garde n'est necessaire fussent ordonner d'aller illec faire leur residence avec le mesme traictement qu'ils ont accoustumé d'avoir. En quoy faisant semblablement les mises des garnisons seroient en partie diminuées et amoindry le nombre d'aultres gens de guerre qu'il y conviendroit stipendier, et sy seroit ladicte ville accreue d'aultant de mesnaiges et artisans (comme sont la plus part d'iceulx mortes payes mariez) sans l'interest de Sadicte Majesté ny du pays, estant en plusieurs lieux lesdictz mortes payes inutilz, et pour tant mieulx scavoir le nombre d'iceulx et à quoy lesdictz mortes payes servent, pourra estre mandé aux officiers et rechepveurs generaulx de chascun pays envoier le rolle particulier desdicts mortes payes, avec les gaiges et traictements qu'ils ont et la charge à quoy sont submis pour scavoir de quoy ils servent, [et c'est quant à la force et ordonnance pour la guerre.]

TOUCHANT LA JUSTICE ORDINAIRE ET PREMIÈREMENT DES OFFICIERS DU BAILLIAIGE.

Chap. 9.

S'ensuyt de declairer le second membre de la policie temporelle qui est touchant la justice civile et criminelle qui se debvera exercer et administrer par toute la ville et bailliaige dudict Hesdin, de laquelle sera chief le gouverneur et capitaine dudict lieu, ayant pour cest effect aussy nom de Bailly, terme ancien et propre au principal officier des limites de quelque jurisdiction, lequel (comme dict est), aura son lieu-

---

(1) Ici est un renvoi sans réponse.
(2) Hors de propos (b.)

tenant pour faire tous actes de jurisdiction, de la qualité duquel cy devant est touché ; seront pareillement commis conseiller, procureur, fiscal, rechepveur du dommaine, greffier,
sergents et tous autres officiers en nombre competent pour
exploictier par tout le dict bailliaige en tel moien (?) que (1)
du passé [et genz entendant les loix et coustumes d'iceluy
pays, pour selon ce eulx reigler.] Oultre ce pourra estre restitué le nombre ancien des notaires imperiaulx qui soloient
resider audict Hesdin. Aussy les huissiers du conseil d'Artois
avec ceulx du grand conseil qui estoient ordonnez par cy devant audict Hesdin pour servir en iceluy bailliaige, et lesquels offices à cause que à ce commenchement ne seront de
tel proffict comme cy après lorsque le pays sera remis en bon
estat aussy pour tant plus inviter chascun d'y aller demourer
se pourront pour ceste fois donner et octroier par Sa Majesté
gratuitement affin mesmement qu'il y soit pourvcu de gens
de bien, droicturiers et amateurs de justice qui ayent bone
fame et reputation, et ce par l'advis dudict gouverneur ou du
conseil provincial d'Artois qui poeult mieulx entendre l'ido-
neité des personnes, puisqu'il est question du faict de justice.
Lesquels offices toutesfois se pourront conferrer à la charge
expresse que ceulx en estans pourveuz seront tenus aller faire
leur demeure audict Hesdinfert, et aux principaulx officiers si
comme lieutenants, [conseiller], rechepveur, greffier, procureur, d'y avoir faict une maison noeufve pardedens l'an [du
jour de leur provision octroiée] (au plus tard) selon le lieu
que ledict gouverneur ou son commis leur prefixera et or-
donnera. Oultre ce que dict est, le plustost qu'il sera possible
ledict gouverneur advisera d'evocquer les hommes de fiefs
dudict bailliaige pour ouvrir la court feudale ou seront pu-
bliez les pooyrs d'officiers, le stil de la court et aultres edicts
et ordonnances qui seront advisées faire sur la conduite des
gens de guerre, manans et habitans dudict pays, que lors
conviendra par ordre en jugement faire prester ausdicts
officiers serment solennel ès mains dudict gouverneur, de

____

(1) Comme (b).

bien et fidelement verser en leurs dictes charges et offices, et aux hommes de fiefz faire la foy et hommaige qu'ils doibvent à Sa Majesté leur souverain seigneur et prince naturel , lesquels serments seront enregistrez; si aura ladicte court congnoissance de toutes matières civilles et criminelles comme du passé. Ordonnant aussy à iceulx hommes de servir à tour de rolle aux plaidz ou mectre hommes deservans pour ceulx qui ny pourront bonnement vaghuer, et mesmement à ceulx qui auront seigneurie de commectre lieutenans et aultres officiers et mestres et destroicts de leur juridiction, à peine de privation de leur justice soit haulte, moienne ou basse, et ce à celle fin que par le moyen de la justice le plat pays puist vivre en plus grande tranquillité et union , sans laquelle n'y poeult avoir seureté ny repos ung seul jour.

DE LA CRÉATION DU MAGISTRAT DEDENS LADICTE VILLE.
[DE L'ORDRE SUR LE MARCHIÉ ET DU PRINCIPAL MESTIER QUI S'Y POURRA FAIRE.]

Chap. 10.

Pareillement à la première opportunité que se trouvera sy tost que l'on voira la multitude du poeuple croistre et la chose le desirer se pourront restituer les estats de maieur et eschevins avec le nombre d'officiers de ladicte ville en la maniere ancienne, ès mains desquels les citoiens (1) seront tenus prester le serment de bourgeoisie accoustumé, oultre le serment qu'ils auront faict pardevant le capitaine de ladicte ville ou nom de l'Empereur qui se doibt prendre publicquement à ce commencement; lesquels maieurs et eschevins soubs l'auctorité dudict gouverneur qui sera le supérieur de tout auront la jurisdiction par dedens la comprehension de ladicte ville, faulbourgs et banlieue d'icelle, qui seront limitez d'une demie lieue allentour de ladicte ville, plus ou moins, selon qu'il sera trouvé convenir pour exercer icelle jurisdiction en telle haulteur, droict et auctorité qu'ils soloient faire le temps precedent audict Hesdin le Viel, sy prendront regard

---

(1) Citadins (b.)

sur la police de ladicte ville , aussy pourront recoeuillir les privilèges dudict Viel Hesdin, affin de remectre iceulx par Sadicte Majesté en leur premier estat pour la nouvelle ville ; provoians au surplus qu'il y ait gens méchaniques et artisans de tous mestiers, speciallement de ceulx dont bien difficilement on se poeult passer, et sy avant qu'ils trouveroient deffaillir aulcuns mestiers necessaires, en advertiront ledict gouverneur ou le gouvernenr general dudict pays qui en pourra escripre aux villes de son gouvernement ou d'ailleurs pour mander les maieurs et confreres d'iceulx mestiers, sçavoir sy d'entre eulx n'y auroit personne qui vaulsist aller demourer illec, les induisans pour ce faire par tous moiens à eulx possibles, et au surplus adviseront faict à faict que par experience voiront quelque chose estre expediente pour faire meilleure leurdicte ville et que la commodité de leurs bourgeois et habitans le requerra d'y donner bon ordre par le commandement et assistence d'iceluy bailly ou du gouverneur general, si besoing est, en advisant pour le (1) principal veuel [quelque] negociation, stil et mestier qui se pourroit mectre sus en ladicte ville pour faire venir en icelle quelque bonne quantité de personnes et mesnages. Ce que j'entends se pourroit faire en eslevant en icelle ville le stil de la draperie qui par bon temps estoit en assez grand valeur audict bailliaige et comté de Sainct-Paul entre aultres lieux ès bourgades desdicts pays ; lesquels artisans, puisque leurs maisons sont bruslées, aimeront aultant et mieulx eulx loger et amaser audict fort que ès lieux champestres, pourveu qu'ils ayent quelques privilèges et liberté, comme dict est. Et sy est ledict pays commode pour cela par le moien du grand nombre de bestiaulx à laine qui se y nourrissent en bon temps, dont ils composent leurs drapz, et des bestes à cornes, de quoy ils vivent, sy seroit ung tel mestier de grande conséquence, car de ladicte drapperie dependent et vivent grand nombre de poeuple, sicomme laboureurs, marchans de laine, pigneurs, filleresses, tisserans de drapz, gardeurs, foullons, tondeurs,

---

(1) Quelque (b.)

taincturiers ; à quoy la riviere de Canche est bien propice, et plusieurs aultres personnes faisans arts mechaniques avec les esgards et commis sur lesdicts mestiers, joinct qu'en tout temps ladicte marchandise trouve yssue , et à celle fin que chascun cherce illec sadicte demeure, conviendroit faire des bons edicts et statuts (qu'ils appellent manimens) sur ledict mestier ; et oultre ce, evocquer par ledict gouverneur ou ceulx de ladicte ville aulcuns maistres ouveriers pour y aller resider en les stipendiant ou faisant aulcuns prests et advanchemens de deniers pour encommenchier ledict mestier en icelle ville ; par advis desquels et aultres gens en ce congnoissans selon que on trouveroit convenir par experience quotidiane se pourroient adviser lesdicts statuts et manimens. [Dont on pourroit aussy recouvrer ès ville d'Arras, Lille, Armentières et aultres ou ledict artifice est en valeur et réputation.] Oultre ces choses, (ce qui est un poinct à quoy ledit gouverneur ou le magistrat municipal doibt incontinent et avant tout oeuvre proveoir) est necessaire que la place ou lieu ordonné pour le marché soit accommodé et mis en meilleur ordre et le plus tost que faire se poeult pour y tenir ordinairement le marché de ladicte ville. Principallement que une fois ou deux la sepmaine le marché public et privilegié y soit faict et tenu aux jours qui estoient accoustumez de ancienneté en ladicte ville de Hesdin ; où se fera commandement que les bonnes gens des champs ayent à apporter toutes sortes de denrées et victuailles, en donnant ordre par le gouverneur ou ceulx de la justice que lesdicts paysans et aultres qui porteront vivre puissent vendre iceulx à raisonnable pris et seurement aller et retourner sans aucun peril d'estre vollés ou destroussés en chemin ; qui plus est ledict gouverneur pourra prendre la cure qu'il y ayt certain nombre de provoicurs et vivendiers ordinaires qui apportent audict fort vivres de divers costés avecq quelque honneste gaing selon le tax que on y pourra mectre sy besoing est ; par le moien de quoy ceulx de ladicte ville ne fauldront tousjours d'avoir quelques vivres fraiz et nouveaulx dont l'habundance croistra de jour en jour en mettant bon ordre par tout. [Et sy se pourront espargner les munitions de vivres ordinaires et aultres (?).] Bien entendu que' ledict gouverneur et aultres officiers pendant que le magistrat municipal se pourra creer ne laisseront de ordonner toute la police et administrer toute la jurisdiction tant dedens ladicte ville comme aux champs.

DE L'IMMUNITÉ QUI POURRA ESTRE DONNÉE AUX HABITANS DESDICTES VILLES ET PAYS.

Chap. 11.

Et pour ce qu'il n'y a chose plus aggreable ne plus idoine pour allicer un poeuple à faire quelque nouveau domicile [ou captiver la bonne volonté d'icelluy] que liberté et exemption de tous maltostes et imposts, Sadicte Majesté pourra octroyer aux manans et habitans de ladicte ville et dudict bailliaige de Hesdin plaine immunité et descharge de toutes maltostes, tailles, aydes et impositions nouvelles et anciennes pour quelque espace de temps, affin de donner moien que ledict pays se puist ressourdre des pertes et dommaiges qu'il a comporté ceste guerre durant qui sont quasy inestimables; aussy que ladicte noeufve ville se puist faire bonne; permectant que pendant ledict temps tous vivres, denrées et marchandises se vendent, distribuent et debitent franchement et sans paier aulcune chose; mesmement que tous vivendiers, (soient dudict pays ou d'ailleurs), portans vivres en ladicte ville ayent pareil privilège, liberté et exemption de peaiges et gabelles que pour le temps qu'ils menoient vivres au camp de Sa Majesté; en apportant rectiffication de les avoir illec mené et vendu; par le moien de quoy (joinct le police qui sera mis à iceulx comme dict est) lesdits vivendiers continueront porter toutes provisions de vivres audict fort. Quant est de donner affranchissement en icelle ville aux bannis et fugitifs tant pour crimes comme pour dettes, que lisons les anciens avoir practicqué quelquefois, la chose (comme estant contre Dieu justice et bonnes mœurs, aussy donnant occasion aux maléfices) ne plaist ny à moy ny à aultres qui voeullent par vertu eriger et faire croistre une bonne ville; trop bien pour une ou deux franches festes par an qui se pourront tenir allentour dudict Hesdinfert pour la commodité des habitants, cela ne pourroit que valloir à nostre présente intention pour entretenement de la negociation ; mais non pas pour y rassembler toute l'ordure, villanie et infamie des divers pays qui se pourroit illec conffluer et inonder (?) (1) soubs umbre qu'il leur seroit permis de fraulder leurs bons crediteurs et pour impunité de leurs crimes et offences, dont enfin pour leur iniquité feroit à craindre quelque infortune et malheur sur ladicte ville par la justice divine qui ne laisse le péché impuny, ou bien que eulx mesme feissent par leur malings esprits quelque trahison et maulvais tour à leur Prince naturel et souverain Seigneur, ce qui est souvent advenu par trop grande indulgence et moyen d'impunité.

DE FAIRE ORDONNANCES SUR LE FAICT DES LABEURS.

Chap. 12.

Si sera expedient pour eviter à l'interest publique qui pourroit venir par fault de labeurs et d'agriculture, incontinent ordonner et statuer par Sadicte Majesté très sacrée que chascun (soit propriétaire ou fermier à la meilleure diligence que faire se poeult) ayt à cultiver, labourer et assemencer ses terres, mectant son bien à proffict sans laisser lesdictes terres en frice et rietz, s'il est possible, faisant commandement à tous seigneurs, leurs baillifs, lieutenans et officiers de chascun villaige de apporter trois mois après ladicte publication audit gouverneur ou son lieutenant civil par déclaration [le nombre et quantité de leurs terres labourées ou de celles (2)] qui se roient demourées en rietz, avec les noms des occupeurs et possesseurs, en advertissant à quelle occasion le labeur seroit demourée derrière, affin que cela entendu puist estre donné ordre par telles voies qu'on trouverra convenir, soit en permectant à chascun de les labourer et en tirer proffict trois ans ou les bailler avecq les manoirs, prez et jardinaiges pour certain temps, à telles conditions, charges et rendaiges qui seront advisez au proffict des proprietaires par fin de chandelle aux plus offrantz et derniers encherisseurs, ou en faire

---

(1) Ramasser (b.)
(2) Les terres (b.)

ainsy que la coustume generalle d'Artois permect faire pour
les terres chargées de terraige après qu'elles sont en rietz
trois ans, c'est asscavoir qu'on les puisse labourer ou faire
labourer sans ce que les proprietaires puissent avoir la des-
poulle en paiant fer et semeure, trop bien aprez ladicte des-
poulle, en le declairant devant que avoir commenché à labourer ; et au regard des terres occupées à tiltre de louaige
par aulcuns censiers, ou cas qu'ils fussent (1) deffaillans de
labourer, trois mois aprez ladicte publication ou sommation
à eulx faict de remecttre sus leursdictz marchietz, iceulx censiers seront reaulment et de faict privez de leursdictz louaiges
si bon semble ausdicts proprietaires et permission donnée à
ceulx ausquelz lesdictes terres apparticnnent par eulx ou
aultres censiers et fermiers faire labourer icelles, sans pour
ce tenir aultres procedures de justice, affin de ne retarder
l'agriculture dudict pays; [et l'amendement des terres à labeur mesmement seroit bien faict si on povoit mectre tel police que les laboureurs et paysant qui sont en plus sur un
pays peuissent nourrir quelques bestiaulx, par ou la chereté
des vivres se pouroit aucunement eviter, voires en cas de
doubte de siège iceulx se jecter dedens la ville pour subvenir
à tous affaires occurrents.]

DE DEFFENDRE LE PLAT PAYS CONTRE TOUTES FOULLES ,
MENGERIES ET OPPRESSIONS.

Chap. 13.

Principallement (toutes excusations cessantes) ledict gouverneur et capitaine aultant qu'il aime son honneur, le bien
du pays et accroissement de ladicte ville, conséquemment le
service de Sa Majesté, doibt incontinent et sans delay procurer
que soient faictz certains placartz et edictz pour remedier
aux foulles, mengeries, larrecins, compositions, fourrage-
mens et oppressions dont le pays a esté grandement interessé
et comme mis en ruyne, et les bonnes gens champestres chassez
à povroté par maulvais garnemens tant gens de guerre que

---

(1) Par l'espace de trois ans (b.)

aultres ; apposant par iceulx mandements peine du dernier
supplice contre les transgresseurs, lesquelles peines il fera
mectre en execution sans dissimulation ni faveur, usant plustost en ce regard de rigueur que misericorde, car ès cas où
il est besoing d'exemple, toute clemence est prepostere et sy
perd son nom n'estant aultre chose que une injustice et iniquité tres pernicieuse au pays. D'aultant mesmement qu'il n'y
a chose qui cause plus grande desolation et apovrissement
d'un quartier (quelque opulent qu'il soit) ne qui puist plus
retarder le bien publique que cela, comme non seullement
enseignent les sentences des philosophes mais la presente experience demonstre trop clerement. Au contraire sy le paysant par l'ayde de bonne justice n'est empesché faire sa labeur, ains sy librement il poeult nourrir toutes sortes de bestiaulx, sans peril d'estre fourragé, mengé et pillé [de iceulx
qui sont à la soulde pour la garde d'icelluy,] il est certain que
en peu de temps (comme le pays est de bonne uberté et fertilité, speciallement pour ladicte nourriture) (1), il se pourra
reparer et remectre sus. Que s'il ne poeult sy tost revenir en
sa pristine vigueur et habundance de vivres pour l'extrême
calamité et destruction en quoy il se trouve, du moins sera-
il mis en tel estat qu'il suffira pour sustenter les habitans
d'iceluy et suppediter competemment tous vivres necessaires
tant pour gens de guerre que ceulx du pays. La mesme provision pourra estre donnée par Sa Majesté pour la comté de
Sainct Paul, aultant ruynée°des mengeries des gens de guerre
que des feuz et hostilitez des François (2). Et generallement
pour toute la comté d'Artois et aultres pays d'embas, qui pour
ce regard, signaument celuy de la frontière, ont tant enduré
qu'il n'est possible d'avantaige, pour ausquelles foulles (3) et
oppressions remedier plus facilement est necessaire qu'il
soit commis ung prevost des mareschaulx en la province
d'Artois, qui circuira le plus souvent ledict bailliaige de

---

(1) Il est certain qu'en peu de temps (b).
(2) Franchois (b.)
(3) Abbus (b.)

Hesdin, comté de Sainct Paul et aussy quelquefois le surplus
d'Artois pour apprehender tous malfacteurs et deprehendez
au faict ou sommierement leur procez instruit les mectre au
dernier supplice ou aultrement les punir rigoreusement,
sans pour raison desdictes mengeries, compositions et exac-
tions dont ils seroient attainctz, les remectre ez mains de leurs
capitaines. [Dont plusieurs (1) ont trop abusé de leur pouvoir
n'ayans aucuns d'iceulx *crimes* (?) fait punition exemplaire
des malversations de leurs souldars, chose nullement tollé-
rable.] Et pour ce que pour la petite qualité et condition des
dictz prevostz, aussy à raison du povre traictement que leur
estoit faict, ledict estat est venu vulgairement en contempnement et mesmement que aulcuns ont ainsy vescu qu'ilz avoient
la justice venale, estans vrays fauteurs des delinquens, dont
s'est ensuivy une corruptele de mœurs sy grande que chascun
void, seroit expedient que fut prins regard mectre en iceluy
estat homme de bonne et suffisante condition, grand justicier,
incorruptible et diligent, qui fut servy de lieutenant, officiers
et gens bien morigenez, du moins qu'ils ne sentissent la hart,
comme ilz estoient du passé, et que pour cela luy fut donné
traictement, sallaire et compaignie de gens de pied et cheval
competent, à bien faire sadicte commission, lesquelz fussent
mieulx traictez que simples souldars. Par le moien de quoy
l'Estat seroit servy d'homme de bien et les souldars d'icelluy
ne seroient complices et adherens des criminelz, ainsy qu'ilz
sont ordinairement ; et pourroit devenir en telle estime que
tel estat le merite ; car sy on voeult peser à la verité, et non
selon l'opinion des ignorans, la charge d'un prevost quy est
de purger le pays de malefices et restituer à chascun seureté,
tranquillité et repos, il est notoire (2) que on trouvera que
après l'estat d'un gouverneur general ou d'un juge provincial
de pays c'est le plus necessaire, sans lequel on ne sçauroit
nullement vivre, speciallement en temps de guerre et aulcunes
années aprez. Qui plus est faict iceluy prevost l'office dudict

---

(1) D'iceulx (b.)
(2) Certain (b.)

gouverneur general, du mareschal du camp et des juges pro-
vinchiaulx du pays pour le regard de tous vagabondz, vo-
leurs et gens corrompus et depravez dont le pays est totallement remply. A ceste cause ne seroit hors propos que Sa
dicte Majesté par le mandement ou placart qu'elle pourra
faire pour empescher lesdictes mengeries, feit narrer iceluy
de la necessité, honneur et dignité dudict estat, du bon traictement qu'elle voeult donner audict prevost, ensemble à ses
aydes, officiers et sergentz ; par le moien de quoy ledict estat
seroit incontinent en aultre reputation qu'il n'a esté jusques
ad present, et mesmement se pourroit poursuivre par gens
suffisamment qualiffiez; en telle manière que aprez l'administration d'un homme de bien à grant peine s'estimeroit
estat plus honorable audict pays, comme se void en Espaigne,
Italie, France et aultres pays en quel crédit et auctorité sont
les prevostz de l'hostel, ceulx (1) des mareschaulx et aultres
semblables officiers, tellement que sy pardeça (2) ils n'ont eu
telle auctorité il le fault imputer aux personnes qui les ont
administré trop mechanicquement et malhonnestement (3),
sans dire aultre chose, dont le contempnement en est venu,
en tant que les personnes font les estatz et non au contraire,
tellement que ou se faict aultrement les choses vont mal.
Doncques un bon prevost qui sera terreur des maulvais et
protecteur des bons pourra grandement servir à mectre toutes
choses en bon ordre et repos ; et pardessus ce, à cause que
la dissimulation et connivence de plusieurs capitaines sur les
mengeries, [oultraiges] et foulles que faisoient leurs souldars
dont ilz estoient ou debvoient estre advertis a donné l'occasion que le mal a serpé et creut sy avant que voions ; pour le
mesme respect est util que des dictes charges soient depportez
et demis les capitaines , lieutenans , enseignes, [tresoriers,]
capporalz, caps d'esquadre (4), fourriers ou clercz de bendes
[et toutes personnes] notées ou diffamées de composer les

---

(1) Celuy (b.)
(2) Pardecha (b.)
(3) Ordement et villainement (b.)
(4) Mareschaulx des logis (b.)

povres souldars tant sur leurs gaiges que pour le butin, qui cause que lesdictz souldars souvent sentans leursdictz chefz (1) participer du larrechin et leur faire tort, s'en prendent plus hardiment à menger le bonhomme, faire insolence sur le plat pays et ausent estre plus desobeissans à iceulx ayans chose à leur reprocher à la barbe. Oultre ce samble que par la mesme ordonnance debvroit estre faict commandement à tous capitaines et conducteurs de gens de guerre, tant de cheval que de pied et leurs lieutenans, qu'ils ayent à prendre plus songneux regard à leurs gens qu'ilz n'ont faict du passé, s'informantz comment ils vivent ; sy trouvent aulcuns fort mal conditionez qu'ilz les depportent ; et sy iceulx ont vescu à l'advantaige qu'ilz les meetent ès mains dudict prevost, pour en faire la punition ; à peine que sy iceulx capitaines sont negligens d'y pourveoir et que leur compaignie soit suspectée ou diffamée de vivre à l'avantaige en trop grande licence (2) d'estre cassez ; mesmement s'il se trouve quelque faulte ou crasse ignorance esdictz capitaines d'estre punis arbitrairement à l'exemple d'aultres à restitution de l'interest aux povres gens, avecq declaration d'inhabilité de porter jamais armes [et de la hart si sont complices et adherents ausdicts abus et mengeries.] Sy sera aussy pourveu que ne soient audict pays aulcuns adventuriers de guerre ou gens oiseux, ains que chascun qui n'est actuellement rechepvant soulde se mecte [incontinent] à son premier stil ou quelque vaccation pour vivre, à peine que s'ilz sont trouvez oisifz d'estre mis à la question pour rendre raison de leur manière de vivre ; deffendant à tous capitaines d'en advouer aulcuns sur peine de se prendre à eulx pour telz malefices. Et affin que nul prétende cause d'ignorance pardessus la publication generalle qui s'en fera ès lieux accoustumez, encoires chascun capitaine fera lire ladicte ordonnance ausdictz soldars [à la monstre ou estatz] assemblez, par son du tabourin maieur et du trompette principal, les enseignes ou guidons desployez, les adver-

---

(1) Chiefz (b.)
(2) Licencieusement (b.)

tissant qu'il sera tenu extreme rigueur allencontre des delinquens. [Qui plus est seroit bon faire imprimer lesdictes ordonnances et ordonner que chascun capitaine en euist tousjours chez soy copie pour selon ce soy regler] pour le regard de l'inconvenient en quoy ledict pays se retrouve à l'occasion des mengeries passées, en rafrescissant en oultre les placartz anciens faictz contre lesdictz mengeurs et de sonner cloches sur eulx. Lesquelles provisions sont totallement necessaires pour aultant qu'il est notoire que sans observance rigoreuse de la discipline militaire un Prince ne sçauroit faire bons exploictz de guerre ny tirer service de ses soldars, et que la trop grande licence et impunité cause tousjours en fin calamité, desarroy et confusion, pour à quoy eviter est force que le soldar soit bien payé, sy faire se poeult, plus tost convient augmenter les aydes et impostz quelques grandz qu'ilz soient presentement que endurer lesdictes mengeries ; car encoires sans comparaison sont les mengeries des soldars et faulte de justice plus pernicieuses et dommageables que toutes aultres chargès et servitudes de impositions et gabelles. Mesmement ceste provision est de telle et si grande importance et à quoy est tant nécessaire pourveoir que le salut ou totalle ruine du poeuple et pays en deppend, aultrement la fontaine [dont les biens et richesses sourdent] tarist et le moyen se pert (1) par où la guerre se poeult nourrir, consequammment le pays demoure habandonné et en peril d'estre perdu.

TOUCHANT PLUSIEURS POINCTZ EN MASSE SERVANS A
L'UTILITÉ DE LADICTE VILLE ET DU PAYS.

Chapitre dernier.

Finablement pour faire que ladicte ville noeufve soit tant mieulx habitée de poeuple et accommodée d'ediffices convenables, pourront estre advisées aulcunes ordonnances particulières selon l'exigence des cas ; entre aultres de ne habiter ny reediffier par aulcun au Viel-Hesdin ny es faulbourgs ; aussy deffendre que allentour ladicte ville ne face maisons ny

---

(1) Sestaint (b.)

bastimentz si avant que la chose semblera le requerir ; de donner à ceulx qui vauldront ouvrer quelques chesnes ainsy que l'ediffice et amasement qu'ilz entendront faire le desirera, à la taxation dudict gouverneur ou son lieutenant, et ce quelque espace de tamps durant, et apres mectre annuellement en vente par certaines portions les chesnes des bois et forest dudict Hesdin à pris gracieux et moderé, affin d'inviter chascun d'ouvrer et soy amaser audict lieu. On pourrait isy adjouster les parties de munitions, tant d'artillerie, pouldre, boulletz, vivres, medicamens et toutes choses dont le nombre est quasi infiny, qu'il convient avoir en une telle place, pour furnir à sy grande multitude de gens qui y sont, n'estoit que dès maintenant on entend y estre tellement pourveu et en telle quantité et habundance que n'en sçauroit estre fait davantaige. Pour entretenement desquelles provisions (affin que riens ne se gaste ou deffaille au besoing, voires en cas de long siège y aura certains commis [proviseurs] contrerolleurs et officiers accoustumez en telz cas qui (1) auront regard aux choses dictes en advertissant où il appartiendra de l'estat d'icelles munitions par chascun mois, entenderont de les renouveler en temps et lieu, faisans vendre, debiter, distribuer et despenser les vielles au proffict de Sadicte Majesté. Que sy on trouve que les nouvelles munitions se puissent faire par certains marchans avec certaines devises et pactions que on pourra traicter avec eulx, en sera advisé ; à quoy entendra pareillement ledict capitaine de ladicte place et pardessus luy ledict gouverneur general ; mesme sera pourveu que les lieux où se garderont les choses susdictes soient propres et commodes pour eviter que lesdictes munitions ne se puissent corrompre, gaster ni desrober [en donnant tousjours tel ordre que ledict fort ne soit jamais despourveu de munitions de guerre ny de quelques (2) aultres choses necessaires, et que ad ce soient commis gens fideles et experimentez n'ayans aultre charge que cela, qui soient telz que l'on puist avoir raison d'eulx en cas d'abus ou malversation comme est dit ci-dessus

---

(1) Administreront, distribueront et (b.)
(2) Toutes (b.)

chapistre huitiesme, provoyans ainsy aux inconveniens du feu de meschief (?) ou aultrement , pourquoy à ce commenchement que les maisons parfactes sõnt plus subjectes au peril dudict feu, ne fauldra laisser le principal lieu des munitions de pouldres sans gardes de jour et nuict mectant encoires le lieu desdictes munitions en tel estat que le feu n'y puist facillement prendre ou estre endommagiez par quelques cas fortuitz.] Et au surplus iceluy gouverneur et capitaine desdictes villes et pays de Hesdin resident sur le lieu (comme il est besoing) par quotidiane et certaine experience pourra veeir quelles choses seront utiles, requises et nécessaires pour policier ladicte ville et mectre icelle en valeur, aussy pour restituer le pays en sa vigueur et premier bonté, et selon qu'il trouvera debvera faire ordonnances , statutz et publications, et que ad ces fins il soit auctorisé par Sa Majesté des maintenant pour lors, saulf que s'il y avoit chose de telle importance et consequence qui requist le sceu de Sa Majesté ou du gouverneur general du pays d'Artois, il en advertira et en attendera leur ordonnance, ne laissant par luy chose que à l'office de gouverneur, capitaine et conducteur politique, vigilant, justicier et belliqueux doibt appartenir, ce qu'il fera, s'il considère la grandeur de sa charge et importance de telle place faicte avec une sy grande despence ; de laquelle la seureté et tuition d'une bonne partie de cestuy pays et comté d'Artois est deppendante, luy souvenant tousjours qu'il doibt gouverner les deux membres à luy commis, qui sont les soldars et non soldars, tant citadins que gens des champs en perpétuelle concorde, sans endurer que l'un membre soit travaillié par l'aultre, entretenant par toute egalité [vray et seul (1) moien de union, repos et foelicité d'une ville et pays. Qui est le but à quoy le bon prince et ses lieutenans doibvent contendre de parvenir, s'ilz desirent faire chose plaisante à Dieu et aux gens de bien et rendre leurs noms et memores et immortels.]

---

(1) Qui est (b.)